Rolf Kauka's

BUSSI BÄR

KINDERBIBLIOTHEK

Bastelideen von Bussi-Bär für jede Jahreszeit

MOEWIG

Ein farbiges BUSSI-BÄR-KINDERBUCH für glückliche Kindertage

Originalausgabe

Konzeption, Layout und Redaktion:
Bernd Gärtig
Illustrationen: Angel Nadal und Ana Merino
Umschlagentwurf und Umschlaggestaltung:
Werbeagentur Zeuner, Ettlingen
Umschlagillustration: Ana Merino
Satz: Setzerei Franz, Bischweier
Repros: Repro-Perschke GmbH, Bruchsal
Druck und Bindung: Printer Portuguesa, Lissabon
Auslieferung in Österreich:
Pressegroßvertrieb Salzburg Gesellschaft m. b. H.,
Niederalm 300, A-5081 Anif, Österreich
Printed in Portugal 1993

ISBN 3-8118-8871-4

Inhalt

Vorwort

Mit Papier, dünner Pappe und Karton machen die meisten Kinder ihre ersten Basteleien im Kindergarten. Diese Materialien sind auch in jedem Haushalt vorhanden. Aber auch Flaschenkorken, Sperrholzstücke, Verpackungen wie kleine und große Schachteln, Schaschlikstäbe sowie leere und gesäuberte Joghurtbecher werden heutzutage gesammelt und nicht auf den Müll geworfen.
Achtunddreißig Bastelideen für jede Jahreszeit sind in diesem Bastelbuch von deinem Bussi-Bär gesammelt und zusammengestellt. Es sind kleine Mitbringsel, kreatives Kinderspielzeug, Zimmerschmuck und Dekorationen für Fasching, Ostern, für die Adventszeit und für Weihnachten.
Zu jeder Bastelidee gibt es eine Materialbox und erklärende Bilder.

Viel Spaß beim Basteln
wünscht allen Kindern
die BUSSI-BÄR-Redaktion

Bussi-Bärs kunterbuntes Kegelspiel

9 Flaschenkorken	*Deckweiß*
9 Styroporkugeln	*Wasserfarben*
9 Stecknadeln	*Klarlack*

Ein kunterbuntes Kegelspiel aus Flaschenkorken hat Bussi-Bär gebastelt. Zuerst steckst du die Stecknadeln durch die Styroporköpfe und klopfst sie auf den Korken fest. Danach hältst du die Figuren an den Stryroporkugeln fest und grundierst jeden Korken mit Deckweiß. Die grundierten Kegelfiguren läßt du gut trocknen, und anschließend bemalst du nach deinen Ideen die Körper, die Kleidung und die Gesichter der Figuren.

Male mit einem feinen Pinsel die Augen, die Nasen, die Zähne und die Münder auf. Sind deine Figuren gut getrocknet, lackierst du sie mit einem umweltfreundlichen Klarlack.

Stelle die kunterbunten Kegelfiguren in einer pyramidenstumpfähnlichen Formation am besten auf einem Tisch auf. In der hinteren Reihe stehen zwei, in der mittleren Reihe stehen drei, und in der vorderen Reihe stehen vier Kegelfiguren. Oder stelle die Kegelfiguren in der klassischen Kegelformation: 1, 2, 3, 2, 1 auf.

Die Spielregel: Jedes Kind schnickt aus einem Abstand von einem Meter einen leichten Ball nach den neun Kegelfiguren.
Wer in drei Durchgängen, wobei die neun Kegelfiguren immer wieder aufgestellt werden, die meisten Treffer erzielt, der wird zum Kegelkönig gekrönt.

Lustige Korkentiere

Flaschenkorken *abgebrannte Streichhölzer* *Alleskleber*	*Buntpapier* *Stecknadeln* *Filzstifte*

Sechs fröhliche und lustige Korkentiere hat dein Bussi-Bär für dich gebastelt. Der Elefant, die Eule und die Giraffe gefallen dir bestimmt sehr gut. Mit einer Stricknadel bohrst du die Löcher in die Korken, damit du die Streichhölzer für die Beine, den Schwanz und den Hals in die Körper stecken kannst. Mit deinen Filzstiften malst du die Gesichter an.

Flügel, Ohren, Rüssel, Schnabel oder Kopf der jeweiligen Tiere schneidest du aus Buntpapier aus und klebst die Teile an. Bussi-Bär hat dir oben eine Skizze für den Zusammenbau eines Pferdchens aufgezeichnet. Die Fühler der Biene und des Schmetterlings sind Stecknadeln.

Bussi-Bärs Korkenreliefs

Kleine und große Flaschenkorken
Sperrholz oder dicke Pappe
Alleskleber und Holzleim
Wasserfarben und Plakafarben

Ein Relief ist ein Bild, das aus der Fläche ragt und eine dreidimensionale Gestalt annimmt. Mit Flaschenkorken kannst du kleine und große Korkenreliefs gestalten. Du kannst in Längsrichtung halbierte Korken, Korkenscheiben oder ganze Flaschenkorken aufkleben. Beim Durchschneiden der Korken soll dir deine Mami oder dein Papi helfen.
Danach wählst du als Unterlage ein Stück Sperrholz oder ein Stück Pappe, der Größe deines erdachten Bildes entsprechend. Auf diese Unterlage klebst du deine Korkenstücke und deine Korken auf. Große Reliefmotive wie Wolken und Wasser gestaltest du mit Buntpapier.
Zeichne am besten mit einem Bleistift deine Bildidee zuvor auf die Unterlage und lege die Korken entsprechend aus. So kannst du die Korken noch hin und her schieben. Du kannst sie verlegen, bis endlich das gewünschte Korkenbild entstanden ist.
Entspricht das ausgelegte Bild deinen Vorstellungen, klebst du jedes Korkenteil und jeden Korken auf der Unterlage fest.
Korkenreliefs mit Blumenmotiven oder mit einem Apfelbaum sind hübsche kleine Geschenkideen zum Muttertag, zum Geburtstag oder zu Weihnachten.

Für einen Apfelbaum klebst du viele kleine und große Korkenscheiben zu einer Baumkrone mit Äpfeln zusammen. Male mit deinen Wasserfarben oder mit deinen Plakafarben einige Korkenscheiben als rote Äpfel und viele Korkenscheiben als grüne Blätter an.

Die Korkenfamilie Immerfroh

4 Flaschenkorken	*Buntpapier*
Alleskleber	*Filzstifte*
Dekorationsnägel	*Watte*

Die lustige Korkenfamilie Immerfroh siehst du hier. Bussi-Bär und Bello haben diese lustigen Korkenfiguren gebastelt.
Die fröhlichen Gesichter malst die mit Filzstiften auf. Danach schneidest du aus Buntpapier die kleinen Hüte und die bunten Haare aus. Eine Korkenfigur hat lockige weiße Haare. Dafür hat Bussi-Bär einen weißen Watte-

bausch verwendet. Auch kannst du die weiße Watte nach Belieben mit deinen Wasserfarben färben.
Die Nase dieser Korkenfigur ist ein bunter Dekorationsnagel. Auch eignet sich eine abgebrochene Stecknadel mit einem bunten Kopf dafür am besten. Die Beine mit den umgeknickten Füßen sind aus Buntpapier. Klebe die Beine unten an den Flaschenkorken fest.
Selbstverständlich darfst du auch eine Korkenfamilie mit noch mehr Kindern und mit Oma und Opa basteln. Oder magst du eine lustige Indianerfamilie? Den Federschmuck kannst du aus Buntpapier ausschneiden, oder du nimmst abgeworfene Federn von einem Wellensittich, der sich mausert. Den Indianerhäuptling schmückst du mit dem prächtigen Kopfschmuck.

Roll, Bello, roll mit mir!

eine Papprolle	*Alleskleber*
starken Karton	*blaue Plakafarbe*
zwei Schaschlikstäbe	*Wolle*

Der kleine Bello rollt auf vier Rädern, und er begleitet dich auf deinen Spaziergängen.
Zeichne zuerst Bellos Kopf, seinen Schwanz und die vier Räder auf einen Karton. Male Bellos Kopf, seinen Schwanz und die Räderbeine blau an. Für Bellos Körper nimmst du den Kern einer Rolle von Haushalts-

tüchern. In diese Papprolle soll deine Mama zwei Schlitze für den Kopf und für den Schwanz einschneiden sowie vier Löcher für die Achsen einstechen. Auch soll sie die Mittelpunkte der vier Räder einstechen. Danach steckst du Schwanz und Kopf ein, biegst die Laschen um und klebst sie innen fest. Nun steckst du die Achsen ein und klebst die Räder daran fest.

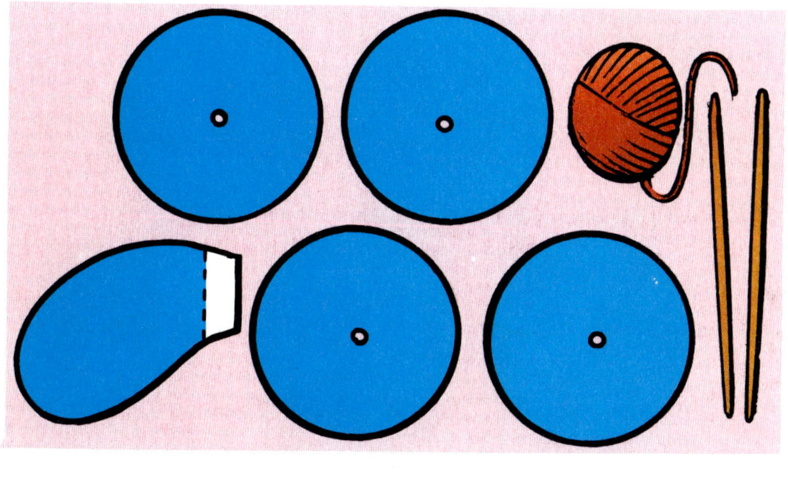

Bussı-Bär malt mit blauer Plakafarbe seinen Bello an. Ebenso wie den Rollbello hat Bussi-Bär die Katze Mau gebastelt. Vergiß bitte nicht, den Wollfaden vorne an jedem Nachziehtier zu befestigen.

Tischgirlanden für deine Frühlingsparty

Papierstreifen	*Wasserfarben oder Buntstifte*

Bussi-Bär und Bello feiern gerne mit ihren Freunden eine Frühlingsparty im Garten. Bussi-Bär serviert Eis, selbstgebackene Vollkornkekse, Früchte, und Bussi-Bär schmückt gerne den Tisch mit selbstgebastelten Girlanden. Wie die Girlanden gebastelt werden, das zeigen dir deine Freunde Bussi-Bär und Bello auf dieser und auf den nächsten Seiten.

Bitte deine Mutti oder deinen Papi um einen langen Papierstreifen. Diesen langen, aber nicht zu dünnen Papierstreifen faltest du der Breite der Figuren entsprechend ziehharmonikaartig zusammen und zeichnest auf das obere Teil ein Girlanden-motiv.

Die beiden Motive von Bussi-Bär und Bello darfst du gerne abpausen. Lege ein Butterbrotpapier über die Motive und fahre mit einem Bleistift die Konturen deiner beiden Freunde nach. Danach trennst du deinen Bussi-Bär von seinem kleinen Bello und klebst jeweils eine Figur auf einen der ziehharmonikaartig gefalteten Papierstapel. Danach schneidest du deine Girlanden aus, faltest sie auseinander und malst sie farbenfroh an.
Hier sind die beiden Girlanden von Bussi-Bär und Bello auf dem Tisch ausgebreitet. Auch kannst du ein Girlandenmotiv aus der monatlich erscheinenden Kinderzeitschrift BUSSI-BÄR ausschneiden und auf einen Papierstapel kleben.

Bunte, kreativ verzierte Faschingsbrillen

alte Brillengestelle oder schwachgetönte Sonnenbrillen	*Buntpapier*
Stoffetzen	*Alleskleber*
	Tesafilm

Alle kleinen und großen Bussi-Bär-Freunde lieben die Faschingszeit, und gerne verkleiden sie sich.
Diese bunten Faschingsbrillen von deinen Freunden Strubbelpeter und Schnatterliese kannst du aus alten Sonnenbrillen mit schwachgetönten Gläsern oder aus alten Brillengestellen, aus denen die Gläser entfernt worden sind, gestalten.
Auch kannst du zusammen mit deiner Mami und mit deinem Papi ein Brillengestell aus Draht biegen.
Auf jeden Fall darfst du das Brillengestell nach deinen Vorstellungen verzieren und das Brillengestell in eine Blumenbrille oder in eine Vogelbrille verwandeln.
Strubbelpeter und Schnatterliese zeigen dir ihre Ideen.
Die Blütenblätter und den Vogelschnabel haben sie aus Buntpapier gebastelt, und mit Tesafilm haben sie diese Teile sowie das blaue Tuch an den Brillengestellen befestigt.

Die kunterbunte Begrüßung

Schuhkarton	*2 Gummibänder*
zwei abgebrannte Streichhölzer	*Wolle*
viel selbstgerissenes Konfetti	*breites Tesaband*

Basteln, spielen, tanzen und singen macht allen Kindern sehr viel Spaß. Bussi-Bär zeigt dir hier eine tolle Bastelidee für eine Faschings- oder eine Frühlingsparty.
Du benötigst für deine Konfettilaterne einen Schuhkarton ohne Deckel. Den Boden des Kartons schneidest du an drei Seiten ein und trennst ihn somit von den Seitenwänden. In diese Öffungsklappe stichst du an den oberen Ecken zwei Löcher ein und ziehst durch jedes Loch jeweils ein rotes Gummiband. Die Gummibänder befestigst du an der angrenzenden Seitenwand.
Den blauen Ziehfaden befestigst du an der Öffnungsklappe, und die Wollaufhängungen befestigst du oben an dem Kartonrand.
Deine Mami oder dein Papi soll deine gefüllte Konfettilaterne unterhalb der Lampe oder des Türrahmens aufhängen. Dann darfst du deine Gäste mit einer Konfettiüberraschung begrüßen.
Aus deiner Konfettilaterne, die zur Begrüßung deine Freundinnen und Freunde erfreut hat, kann auch sehr rasch eine kleine Geschenkelaterne werden.
Fülle die Laterne mit kleinen Überraschungen wie Plastikautos, Bleistiften, Buntstiften, eingewickelten Bonbons, und lasse diese Überraschungen beim Abschied deiner Gäste aus der Laterne regnen.

Auf jeden Fall wünschen dir deine Freunde Bussi-Bär und Bello sehr viel Spaß bei deiner Faschingsparty oder bei deiner Kinderparty im Garten, die du gewiß im Frühling oder im Sommer geben wirst.

Tierische Tischkarten

weißes Papier und dünnen weißen Karton
Bleistift und Buntstifte

Pause zuerst die Figuren entsprechend der Anzahl deiner Gäste einschließlich deiner Person auf weißem Papier ab, klebe sie auf dünnen Karton auf, bemale und beschrifte sie mit den Gästenamen und mit deinem Namen.

Knicke bei allen Bellos die entsprechenden Teile längs den punktierten Linien nach hinten oder nach vorn, damit die Tiere stehen können.
Die roten Linien der Bauchflügel aller Vögel schneidest du ein und steckst sie auf Tassen oder Gläser auf.

Die Sonnenblumenkinder lieben ihre Sonnenblumenhüte

weiße Pappteller	*Gummiband*
gelbes Tonkarton	*braunen Buntstift*

Ein Themenbereich für eine Kinderparty ist immer eine originelle Idee. Für die Sonnenblumenkinder bastelt Bussi-Bär aus weißen Papptellern große Sonnenblumenhüte. Wie es geht, das siehst du hier.

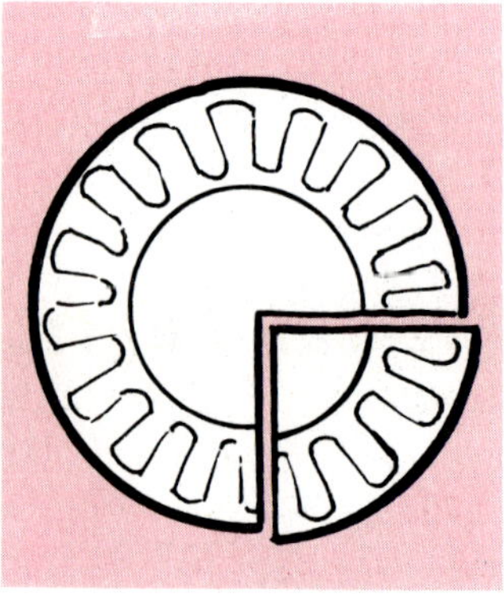

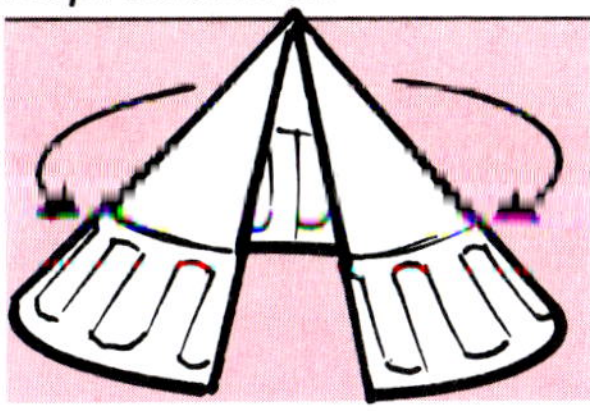

Für jeden Sonnenblumenhut benötigst du einen weißen Pappteller, ein Gummiband und viele gelbe Blütenblätter.
Schneide aus dem weißen Pappteller ein Viertel der Fläche heraus. Male den Blütenkorb der Sonnenblume braun an. Biege danach den Dreiviertelteller kegelförmig und klebe die Schnittstellen zusammen.
Schneide die Blütenblätter aus gelbem Tonkarton aus. Den Blütenkorb der Sonnenblume malst du braun an und klebst die gelben Blütenblätter fest. Am Tellerrand befestigst du ein Gummiband.

Blühende Strohhalme

Strohhalme	*Tesafilm*
dickes weißes Papier	*braunen*
gelbes gummiertes Buntpapier	*Buntstift*

Die Strohhalme blühen, und jeder Partygast weiß, wo sein Getränk steht. Für eine Frühlingsparty der Sonnenblumenkinder hat Bussi-Bär diese Tischkarten oder Getränkekarten gebastelt.
Schneide zuerst aus dem weißen Papier einige Kreise aus. Stelle dazu ein Glas auf das Papier, übertrage den Umfang auf das Papier und schneide den Kreis aus. Der Kreis ist der braune Blütenkorb mit dem weißen Namensfeld. Male ihn entsprechend an und klebe die zugeschnittenen gelben Blütenblätter zweiseitig an.
Schreibe den Namen des Gastes in das weiße Feld und klebe die Sonnenblumenblüte mit Tesafilm an dem Strohhalm fest.
Mit diesen Tischkarten ist der gedeckte Tisch ein kleines Blumenparadies. Leider blühen nicht zu jeder Jahreszeit bunte Blumen im Garten. Meist erscheint der Garten in der Rasenfarbe als ein grüner Tummelplatz, denn nur im Frühling blühen die Blumen, die Bäume und der Flieder.
Läßt das Wetter es aber zu, so findet die Kinderparty im Garten statt. Bereits am Vormittag solltest du mit deinen Eltern das Blumenparadies dekorieren.
Die Vorbereitungen, das Bemalen der einzelnen Dekorationen, sollten bereits ein paar Wochen vor der Party beginnen.

Auf leere Schachteln und Plakatkarton malst du mit Wachsmalstiften bunte Blumen und schneidest diese aus. Steche in jede Blume oder in jeden Karton ein Loch und ziehe einen Wollfaden durch. An den Wollfäden hängst du die Blumen und die Blumenschachteln an den Bäumen oder am Zaun auf, oder spanne im Garten eine starke Kordel und hänge daran die Blumen auf.

Bussi-Bärs Hasenmobile

weißen Plakatkarton	Wolle
Buntpapier	Alleskleber

Schneide zuerst die Körperteile der Hasen aus. Jeder Hase besteht aus drei Teilen. Steche die Löcher an den entsprechenden Stellen ein und klebe mit Buntpapier die Augen, den Mund, die Nase und die Haare auf. Danach verbindest du die Körperteile mit Wollfäden. Hänge die bunten Hasen in deinem Zimmer am Fenster auf.

Kleine Osterküken

gelbes Kreppapier *roten Tonkarton*	*Buntpapier* *Alleskleber*

Schneide zuerst für jedes Osterküken einen vier Zentimeter breiten Kreppapierstreifen zurecht. Streiche den Streifen teilweise mit Alleskleber ein und rolle den Körper so, wie es dir dein Bussi-Bär zeigt. Das nicht mit Alleskleber eingestrichene Schwanzstück schneidest du ein. Danach schneidest du aus Kreppapier einen kleineren Streifen für den Kopf zurecht, bestreichst den Kreppapierstreifen mit Alleskleber und rollst ihn ein. Den Kopf klebst du auf den Körper.

Den Schnabel und die Füße schneidest du aus rotem Tonkarton aus und klebst diese Teile an. Die Augen schneidest du aus blauem und schwarzem Buntpapier aus.
Bastel nach dieser Anleitung einige gelbe Osterküken. Auch kannst du ein großes gelbes Osterhuhn basteln. Schneide dafür einen längeren Kreppapierstreifen der doppelten Breite für den Körper zurecht.

Buntes Überraschungskörbchen

dünnen weißen Karton	*Buntstifte Alleskleber*

Nehme für dein Überraschungskörbchen ein quadratisches Stück Karton und teile jede Seite in drei gleichlange Teilstücke ein. Danach ziehst du mit einem Bleistift die vier Linien und schneidest so wie Bussi-Bär die entsprechenden roten Linien ein.
Danach bemalst du die vier sichtbaren Außenseiten nach deinen Ideen. Hier hat Bussi-Bär eine Sonne und Blumen auf die Körbchen gemalt.
Sind die Seiten prächtig bunt, faltest du dein Körbchen entsprechend der Skizze und klebst es zusammen.

Selbstverständlich darf der Henkel nicht fehlen. Schneide ihn aus dem weißen Karton zurecht, bemale den Henkel und klebe ihn an.

Buntes Windrad

dickes weißes Papier	*Buntstifte*
Stecknadel	*Holzstab*

Das bunte Windrad ist einfach zu basteln. Die fünf nebenstehenden Bilder zeigen es dir. Zuerst schneidest du ein Stück Papier quadratisch zu und bemalst es von beiden Seiten. Male, was du gerne magst. Danach schneidest du das bunte Stück Papier von den Ecken aus, diagonal verlaufend, fast bis zum Mittelpunkt ein.

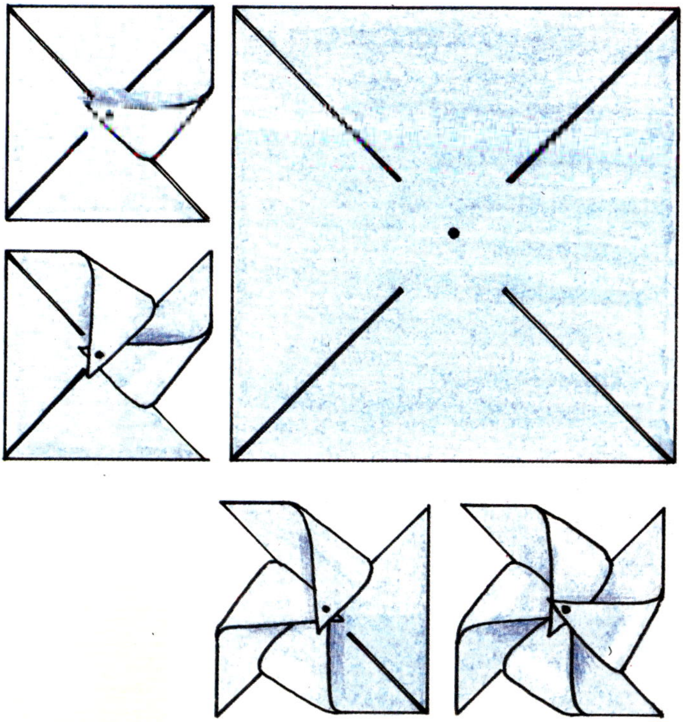

Anschließend biegst du die Papierspitzen entsprechend den Bildern nach innen und stichst durch die Papierspitzen und durch den Mittelpunkt des Rädchens eine Stecknadel und befestigst das Windrad an einem Holzstab. Viele bunte Windräder sind eine prächtige Dekoration bei einer Kinderparty im Garten.

Bussis Rhythmusrasseln

vier Joghurtbecher	*Sperrholz*
Kontaktkleber	*bunte Murmeln*

Bussi-Bär und Bello sammeln alle leeren und gereinigten Plastikbecher von Joghurt, Müsli und Quark. Aus diesen alltäglichen Abfallprodukten basteln sie zum Beispiel Bussis Rhythmusrasseln. Lasse dir bitte beim Basteln von deiner Mami oder von deinem Papi helfen und hole zuvor bei einem Schreiner oder in einer Holzzuschnittabteilung von einem Baumarkt zwei kleine Sperrholzabschnitte.

Säge zwei Sperrholzgriffe mit den Aufklebeflächen für die gefüllten Joghurtbecher zu.
Schmirgle oder feile die Schnittkanten etwas rund, und fülle danach die leeren Joghurtbecher etwa halbvoll mit deinen bunten Murmeln. Danach klebst du entsprechend der beiden Skizzen die gefüllten Joghurtbecher mit einem Kontaktkleber an.

Singe nach der bekannten Melodie von „Tra, ri, ra, der Sommer, der ist da", das fröhliche Bussi-Bär-Lied und rassel den Rhythmus:

Tra, ri, ra, der Sommer, der ist da!
Fahren an das blaue Meer,
tanzen mit dem Bussi-Bär.
Ja, ja, ja, der Sommer, der ist da!

Tra, ri, ra, der Sommer, der ist da!
wir tanzen, spielen Flöte,
im Wasser quakt die Kröte.
Ja, ja, ja, der Sommer, der ist da!

Tra, ri, ra, der Sommer, der ist da!
Wir schwimmen und wir springen,
froh alle Vögel singen.
Ja, ja, ja, der Sommer, der ist da!

Lustige Schiffchen aus Wäscheklammern

hölzerne Wäscheklammern	*Nähgarn*
Schaschlikstäbchen	*Butterbrotpapier*
Alleskleber	*Knetmasse*
Filzstifte	*Wasserfarben*

Fünf bunte Schiffchen von deinem Bussi-Bär schwimmen auf dem Wasser.

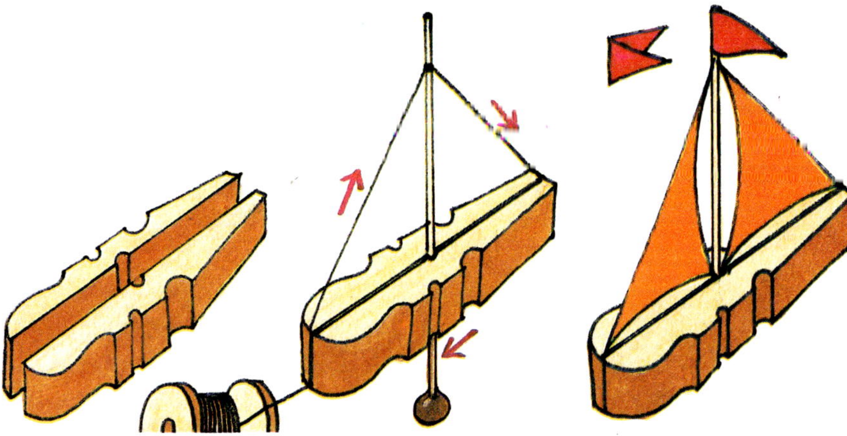

Nehme die Wäscheklammer auseinander und entferne das Drahtstück. Klebe die beiden Holzteile mit den glatten Seiten aneinander und stecke durch das kleine Loch ein Schaschlikstäbchen, das mindestens drei Zentimeter ins Wasser hineinragen soll. Unten am Schaschlikstäbchen befestigst du ein Kügelchen aus Knetmasse. Danach spannst du der Skizze entsprechend einen Faden. Die Segel und den Wimpel schneidest du in doppelter Größe aus Buntpapier aus, faltest sie zur Hälfte zusammen und klebst sie über den Faden. Mit Wasserfarben oder mit Filzstiften malst du die Segel und den Wimpel bunt an. Bussi-Bär und Bello wünschen dir viel Spaß beim Basteln und sehr viel Freude bei deinem ersten Schiffchenrennen.

Bunte Gläserschirmchen

Tonpapier	*Plakafarben*
Trinkhalm	*Alleskleber*

Originell und sinnvoll sind die bunten Gläserschirmchen für deinen Fruchtsaft oder für deine Limonade. Ein Schirmchen siehst du auf der letzten Seite. Pause nach dieser Vorlage einige Gläserschirmchen ab oder

übertrage die Schirmchenform am besten auf einfarbiges Tonpapier. Danach schneidest du die Schirmchen aus und betupfst sie mit Plakafarben. Auch kannst du die Namensschilder deiner Gäste auf die Schirmchen kleben oder jedes Schirmchen mit einem Tierbild verzieren. In der Mitte steckst du einen bunten Trinkhalm ein.

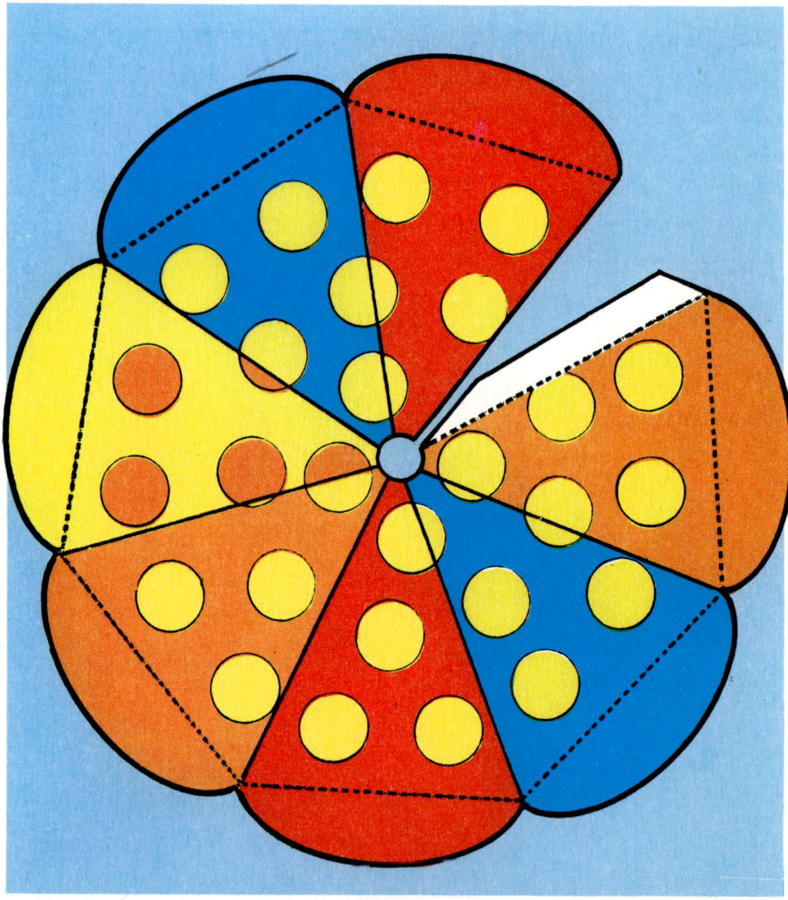

Auf jeden Fall sind Bussi-Bärs Gläserschirmchen eine tolle Bastelidee für den Frühling und für den Sommer. Damit kannst alle gefüllten Gläser deiner Freundinnen und Freunde vor Bienen und Fliegen schützen.
Erzähle im Kindergarten oder in der Grundschule davon und bastle zusammen mit deinen Freundinnen und Freunden einige bunte Gläserschirmchen für euer Sommerfest.

Lustige Wellenreiter aus Korken

Flaschenkorken	*Alleskleber*
Plakatkarton	*Buntstifte*
Butterbrotpapier	*Wasserfarben*

Fröhlich tummeln sich Bussi-Bärs bunte Enten und Fische im Wasser. Bastel auch du einige lustige Wellenreiter für deine Badewanne.

Zuerst soll deine Mami oder dein Papi einige Flaschenkorken halbieren. Auch soll deine Mami oder dein Papi die halbrunde Oberfläche von jedem Korken in Längsrichtung einschneiden, damit du jeweils den Körper der Entchen oder der Fische einsetzen kannst.
Dein Bussi-Bär hat dir hier eine Ente und einen ihrer Flügel sowie auf der letzten Seite den Körper eines Fisches und eine Flosse gezeichnet.

Lege Butterbrotpapier darüber und übertrage die Formen. Selbstverständlich benötigst du für eine Ente zwei Flügel und für einen Fisch zwei Flossen. Die übertragenen Formen klebst du auf einen Plakatkarton und schneidest die Teile aus. Die Flügel der Enten und die Flossen des Fisches klebst du an den vorgezeichneten Stellen fest. Mit deinen Wasserfarben oder deinen Buntstiften malst du die Enten und die Fische farbenfroh an. Danach klebst du die bunten Wassertiere jeweils in den Schlitz eines halbierten Korkens.
Magst du ein paar Entenküken basteln, so male die kleinen Körper nur gelb an und singe zusammen mit deiner Mama das bekannte Kinderlied: „Alle meine Entchen schwimmen auf dem See, schwimmen auf dem See, Köpfchen in das Wasser, Schwänzchen in die Höh'!"

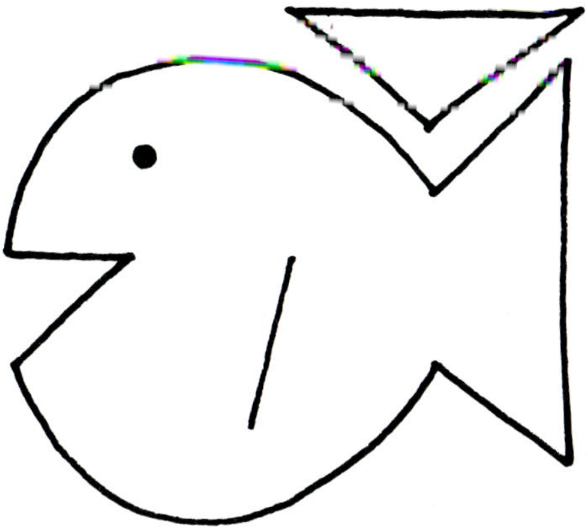

Bussi-Bärs große Sonnenblume

Tonkarton und Alleskleber

Aus Tonkarton bastelst du diese riesige Sonnenblume. Schneide den hellbraunen Röhrenblütenring und einen ebenso großen Kreis für die Röhrenblüten im Knospenzustand aus. Danach klebst du den hellbraunen Kreisring auf den braunen Kreis und klebst hinten die gelben Zungenblüten an.
Aus grünem Tonkarton schneidest du die großen herzförmigen Blätter und den langen Stengel aus.

Die Sonnenblume
ist ein Korbblütler.
Im Blütenkorb
sind ein heller
Ring von reifen
Blüten und
viele dunkle
Blütenknospen.

Bunter Schmetterling

dickes weißes Papier	*Tesafilm*
Alleskleber	*Buntstifte*

Bunte Schmetterlinge flattern im Frühling und im Sommer im Garten von Bussi-Bär, und ihr Anblick erfreut deine Freunde sehr.
Du benötigst ein rechteckiges und zwei quadratische Stücke Papier. Aus dem rechteckigen Stück bastelst du

den Körper. Schneide zuerst die zwei Fühler nebeneinanderliegend aus und verkürze weitergehend das Papier. Danach rollst du den Körper zusammen und klebst ihn mit Alleskleber oder Tesafilm zusammen.

So faltest du die Flügel: Zuerst faltest du jedes Blatt längs den Diagonalen, und danach knickst du die Enden der Diagonale zu der gegenüberliegenden gemeinsamen Ecke. Die zwei Flügel malst du symmetrisch an und klebst sie an dem Körper fest.

Kartoffelpuppen mit bunten Kleidern

Kartoffeln	*zweiseitiges Klebeband*
Buntpapier	*Wolle und Stoffreste*
Alleskleber	*Wasserfarben*
Filzstifte	*einige Holzstäbe*

Die Kartoffeln mußt du gründlich waschen und gut abtrocknen. Am besten, du läßt sie eine Stunde in der Sonne oder im Herbst neben der Heizung liegen.
Danach klebst du mit dem zweiseitigen Klebeband und aus kurzen Wollfäden die Haare, oder aus einem Stoffrest ein lustiges Hütchen auf.
Die Nase, die Augen und den Mund schneidest du aus Buntpapier aus und klebst sie an. Mit Wasserfarben malst du den Kartoffelpuppen rote Backen an und was sonst noch zu einem richtigen lustigen Gesicht fehlt.
In die Unterseite des Kopfes steckst du einen Holzstab oder einen alten Kochlöffel. Aus Buntpapier hat Bussi die Fliege des Clowns, und aus Stoffresten und Wollfäden hat er die Kleidchen gebastelt.
Sind einige lustige Kartoffpuppen fertig, kann die Theatervorstellung beginnen.
Hereinspaziert in das Kartoffelpuppentheater! Bussi-Bär hat einige Kartoffpuppen gebastelt, und dann beginnt seine Theatervorstellung. Besitzt du kein Kasperletheater, kniest du hinter einem Sessel oder einer Couch und läßt deine Kartoffelpuppen tanzen, sprechen und singen. Auf jeden Fall werden sich deine Eltern oder deine Freundinnen und Freunde sehr über dein Theaterstück freuen.

Bunte Kette aus Korkenscheiben

Flaschenkorken *Zwirnsfaden*	*Wasserfarben*

Bussi-Bär und Bello sammeln Flaschenkorken und alles, was im Haushalt an nützlichem Abfall zum Basteln vorhanden ist. Aus einigen Flaschenkorken hat Bussi-Bär eine bunte Halskette für Bello gebastelt.
Schneide zuerst mit Hilfe von deiner Mami oder von deinem Papi die gesäuberten Flaschenkorken in Scheiben. Danach bemalst du jede Korkenscheibe zuerst von der einen Seite, läßt sie trocknen und bemalst sie danach von der anderen Seite.
Auch kannst du die Korkenscheiben in ihren natürlichen Farben weiterverarbeiten.
Die bunten oder die naturbelassenen Korkenscheiben fädelst du auf einen Zwirnsfaden auf und verknotest die Fadenenden letztendlich.
Auch kannst du eine Halskette aus Rinde basteln. Sammele zuerst die Rinde im Wald und lasse sie zu Hause einige Tage trocknen. Danach breche die Rinde in kleine Stücke und fädele sie zu einer Kette auf.

Das Basteln einer Halskette mit dem Naturmaterial Rinde ist sehr sinnvoll, und es bereitet allen kleinen und großen Bussi-Bär-Freunden sehr viel Spaß.

Bussi-Bärs Korkendampfer

56 Flaschenkorken	*Zahnstocher*
Schaschlikstäbchen	*roten Tonkarton*
Zwirn	*Buntpapier*
Heftzwecken	*Alleskleber*

Lasse dir beim Bauen des Korkendampfers von deiner Mami oder von deinem Papi helfen. Ältere Bussi-Bär-Freunde sollten diesen Dampfer in der Grundschule mit ihrer Lehrerin oder mit ihrem Lehrer basteln.

Zuerst werden dreißig Korken zu einer Grundfläche des Dampfers verbunden. Dazu mußt du alle Korken der Skizze entsprechend ein bis zwei Zentimeter tief anbohren, in das Bohrloch einen Zahnstocher stecken und den anderen angebohrten Korken daraufstecken. Bitte streiche vorher alle Verbindungsflächen mit Alleskleber ein.

Die vorderen Korken sägst du mit einer feinen Bastelsäge spitz ab, der Form der Bugspitze entsprechend.

Die Korken für die Kabine klebst du stehend auf die Grundfläche auf und schrägst die Korken für die Schornsteine etwas ab. Mit einem roten Tonpapierstreifen kannst du die Korkenkabine verzieren. Hefte den schmalen roten Streifen mit Heftzwecken fest.

Lege ebenso einen langen roten Tonpapierstreifen um den Rumpf und einen kurzen roten Tonpapierstreifen um den Schornstein.
Die Reling bastelst du aus halben Zahnstochern und einem Zwirnsfaden. Schmücke deinen Korkendampfer mit einem Mast und bunten Fähnchen.

Lustiges großes Korkenmännchen

große und kleine Flaschenkorken	*Sektkorken Alleskleber*	*Zwirn Plakafarben*

Ein lustiges Korkenmännchen hängt im Bussi-Haus, und dein Freund malt das Gesicht an. Der Kopf von dem Korkenmännchen ist ein Sektkorken. Für den Körper hat Bussi-Bär einen größeren Flaschenkorken gewählt. Bussi-Bär hat die Korken mit Alleskleber zusammengeklebt und an dem Sektkorkenkopf einen Zwirnsfaden zum Aufhängen befestigt.

Das umweltfreundliche Korkenauto

11 Flaschenkorken	*Alleskleber*
Wasserfarben	*4 Nägel*

Klebe zuerst aus vier Korken den Autoboden zusammen. Die Räder schneidet deine Mami oder dein Papi aus einem Korken zu. Diese vier Korkenscheiben befestigst du mit Nägeln an dem Autoboden. Danach baust du die Korkenkarosserie auf den Autoboden. Mit deinen Wasserfarben malst du das Korkenauto an.

Bussi-Bärs Floß segelt los

9 Flaschenkorken	*Alleskleber*
Schaschlikstäbchen	*Papier und Buntstifte*

Klebe die Flaschenkorken in drei Dreierreihen zusammen und stecke in die Mitte ein Schaschlikstäbchen für das Segel. Schneide das Segel aus Papier aus und bemale es nach deinen Vorstellungen. Dann steckst du das Segel auf.

Bussis kleine Klammermaus

Wäscheklammern	*Wolle*
Alleskleber	*Zwirn*
Wasserfarben	*Pappe*

Eine originelle Idee für Tischkarten sind Bussi-Bärs kleine Klammermäuse. Für jede Klammermaus benötigst du eine Wäscheklammer. Schneide zuerst für jede Maus zwei Körperteile der Skizze entsprechend aus Pappe zurecht. Beachte bitte, daß jeder Körper größer als die Wäscheklammer sein muß.

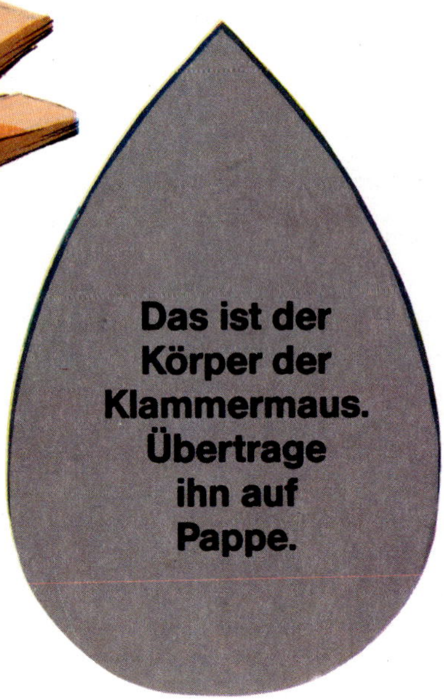

Frage deine Mami nach hölzernen Wäscheklammern.
Jeweils eine benötigst du für eine Klammermaus

Klebe zuerst einen
Wollfaden als
Schwanz auf den
Pappkörper und
klebe danach die
Wäscheklammer auf
das Unterteil.
Ist die Klebestelle
gut getrocknet, klebst
du das Oberteil auf.

Auf das Oberteil malst du die Augen und die Nase auf und klebst vier Zwirnsfäden als Barthaare an.

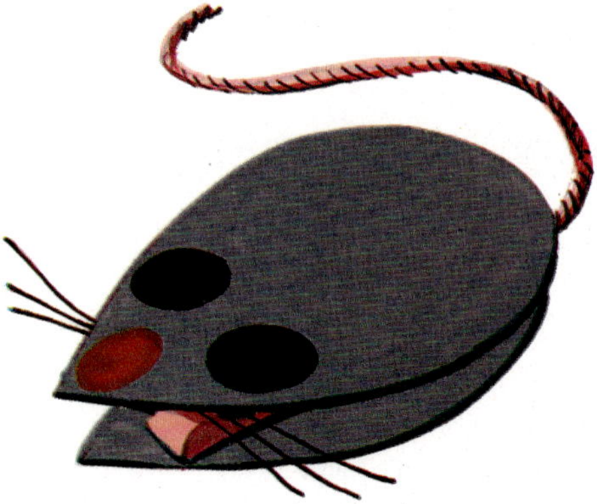

Bestreiche die Zwirnsfäden vor dem Einkleben mit etwas Alleskleber und lasse sie gut trocknen.

Auch einen Luftballon kannst du der Maus in den Mund schieben.

Bunter Herbstbaum

Kreppapier *weiße Pappe*	*Buntpapier* *Alleskleber*

In der Zeit der Laubfärbung ist Bussis bunter Herbstbaum ein liebevoll gestaltetes Geschenk, das in jedem Zimmer aufgehängt werden kann. Dieses Geschenk zu basteln, macht auch den kleinsten Freunden von Bussi-Bär sehr viel Spaß. Sie dürfen Buntpapier reißen und Kreppapier knüllen, und sie können alleine ihren Herbstbaum kleben. Reiße zuerst ein paar dicke und dünne braune Buntpapierstreifen und klebe sie als Baum auf.

Dann schneidest du kleine quadratische Kreppapierstückchen zu und knüllst sie zu kleinen Kugeln. Das sind die bunten Herbstblätter.
Diese bunten Kreppapierkügelchen klebst du in den Baum ein. Einige bunte Herbstblätter sind bereits abgefallen und liegen unten um den Baumstamm herum.

Bussis Parkhaus steht vor der Stadt

Styroporplatten	*Pappkarton*
Rundstäbe aus Holz	*Filzstifte*
Alleskleber	*Nägel*

Säge vier Rundstäbe in der Höhe deines Bussi-Bär-Bastelbuches entsprechend zu und spitze sie von beiden Seiten an. Lasse dir beim Zuschneiden der Styroporplatten von deiner Mami oder von deinem Papi helfen.

Aus zwei Styroporplatten und aus vier angespitzten Rundstäben baust du die Grundkonstruktion. Die Begrenzungswände der Parkdecks schneidest du aus Pappkarton zu und befestigst diese Streifen mit Nägeln an den Seiten der Styroporplatten. Denke bitte an die Öffnungen für die Auf- und Abfahrtsrampen, die du aus Pappkarten zuschneidest und entsprechend formst.
Je nach Belieben kannst du ein Kassenhäuschen, eine Schranke und weitere Parkdecks basteln. Auf jeden Fall wünschen Bussi-Bär und Bello dir viel Spaß beim Basteln.

Besso-Tankstelle

kleine und große Schachteln	*Pappkarton*
Wasserfarben	*Deckweiß*
Alleskleber	*Buntpapier*

Aus kleinen Verpackungsschachteln von Parfüm, Zahnpasta und aus einem Kinderschuhkarton hat Bussi-Bär seine Tankstelle gebastelt.
Das Tankstellenschild, das Dach und die Grundfläche sind entsprechend große Stücke von Pappkarton. Grundiere die kleinen Verpackungsschachteln zuerst mit Deckweiß. Danach bemalst du sie mit deinen Wasserfarben.
Weißt du auch, wer hier in der Besso-Station arbeitet?

Bunte Tiere aus Ytong-Steinen

Ytong-Steine, Plakafarben und Klarlack

Das Gestalten eines Ytong-Steines ist ein kreatives Vergnügen. Das Sägen sollten die kleinen Bussi-Bär-Freunde ihrer Mami oder ihrem Papi überlassen.

Bussi-Bär hat einen Affen aus einem Ytong-Stein gesägt. Zeichne bitte zuerst die Tierfigur auf die Vorderfläche. Ist die Tierskulptur ausgesägt, feilst du die entsprechenden Körperformen rund und glatt. Nachdem dein Tierchen wohlgeformt vor dir steht, fegst du den Ytong-Staub mit einem kleinen Besen ab.

Danach bemalst du dein Tier wunderschön bunt, läßt es einen Tag gut trocknen und bestreichst es anschließend mit umweltfreundlichem Klarlack.

Ein Ytong-Stein ist ein Leichtbetonstein, den du für wenig Geld in jeder Baustoffhandlung oder in der entsprechenden Fachabteilung eines Baumarktes kaufen kannst. Ytong-Steine gibt es in verschiedenen Größen.

Liegendes, buntes Kamel

Plakatkarton	*Butterbrotpapier*
Alleskleber	*Buntstifte*
Wasserfarben	

In den Herbsttagen basteln deine Freunde Bussi-Bär und Bello gerne kleine Weihnachtsgeschenke.

Bastel ebenso wie Bussi-Bär und Bello ein liegendes Kamel mit einer Aufbewahrungsbox für Buntstifte.
Lege zuerst Butterbrotpapier über die nebenstehende Vorlage und pause das Kamel zweimal ab. Klebe diese Vorlagen einmal entsprechend der Skizze und einmal seitenverkehrt auf Plakatkarton auf, und bemale das Kamel mit deinen Wasserfarben oder mit deinen Buntstiften. Die Seitenteile der Aufbewahrungsbox formst du bei jeder Kamelseite längs den gestrichelten Linien nach außen. Danach klebst du das Kamel ebenso zusammen, wie es dir Bussi-Bär hier anfänglich zeigt. Stelle das zusammengeklebte Kamel auf ein Stückchen Plakatkarton und zeichne den Boden auf. Füge bitte die Laschen des Bodens hinzu, schneide den Boden aus, biege die Laschen um und klebe den Boden ein.
Das Bodenstück muß wie die nebenstehende Skizze aussehen.
Auch kannst du innen in das Kamel eine geöffnete Schachtel von Parfüm oder die Hälfte einer Schachtel von einer Würfelzuckerverpackung einkleben. Verkürze diese kleine Verpackungsschachtel entsprechend der Höhe deines Kamels.
Dein Opa und deine Oma werden sich gewiß über das kleine gebastelte Geschenk von dir sehr freuen. Willst du zu Weihnachten deinen Papi oder deine Mami mit einem Kamel überraschen, so bastle dieses nette Geschenk bitte im Kindergarten oder in der Grundschule, denn eine Überraschung soll nun mal eine wirkliche Überraschung sein.

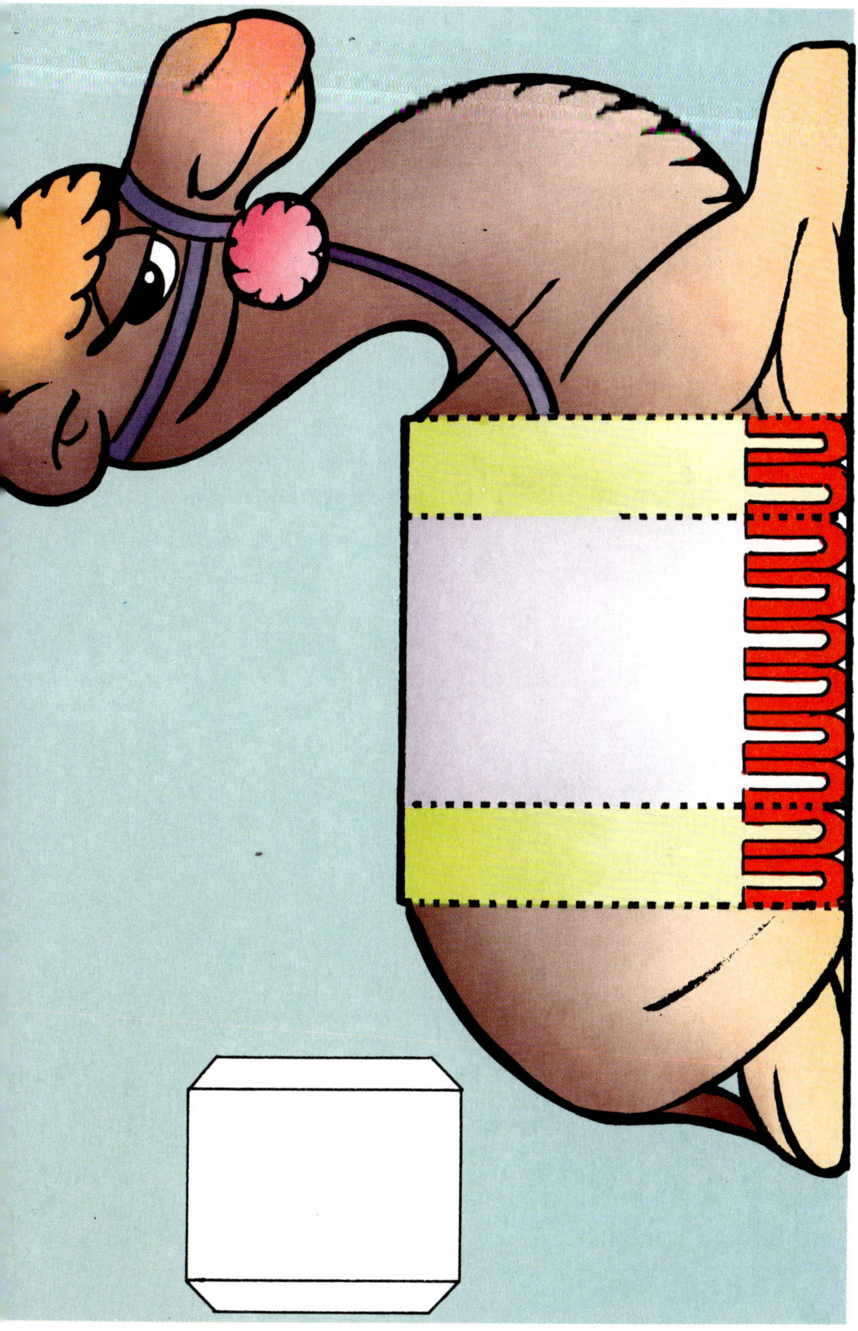

Bussi-Bär-Laterne

runde Käseschachtel	*Goldpapier*
Silberpapier	*Alleskleber*
dünne Kordel	*Bussi-Bär-Kopf*

Für den Boden der Laterne nimmst du das Unterteil einer großen runden Käseschachtel. Schneide für den Mantel ein rechteckiges Stück Goldpapier zu, biege es im oberen Teil gegeneinander und schneide es ebenso wie Bussi-Bär ein.

Den Bussi-Bär-Kopf schneidest du aus deiner monatlich erscheinenden Kinderzeitschrift BUSSI BÄR aus, klebst den Kopf an und darüber einen zugeschnittenen Bart aus Silberpapier. Schneide die weißen Augenflächen und den Mund von Bussi-Bär aus und stelle die Laterne auf die Fensterbank in deinem Zimmer. Brennt am Abend das Laternenlicht, strahlt Bussi-Bär und erfreut die Kinder in den Straßen. Bastle viele kleine Bussi-Bär-Laternen und schmücke deinen Weihnachtsbaum damit.

Adventskalenderpakete

buntes Geschenkband	*Geschenkpapier*
24 Haken oder Stecknadeln	*Plakafarben*
24 Streichholzschachteln	*Sperrholzplatte*

Bastel den Adventskalender zusammen mit Mami oder mit Papi. Im Mittelpunkt von dem Adventskalender strahlt dein Bussi-Bär, und um Bussi herum hängen 24 Überraschungen an den vierundzwanzig Haken oder an den Stecknadeln. Beim Basteln darfst du die Überraschungen nicht entdecken. Deshalb füllt deine Mami die vierundzwanzig leeren Streichholzschachteln mit Nüssen oder kleinen Überraschungen, verpackt die Streichholzschachteln, und du hängst sie auf.
Ab dem ersten Dezember darfst du jeden Tag ein Päckchen abhängen.

In der Adventszeit soll ein großer Adventskalender mit Bussi-Bär dein Zimmer schmücken, und jeden Tag darfst du eine Überraschung entnehmen.

Eine bunte Adventskalenderstadt

24 Streichholzschachteln	*Alleskleber*
roten Tonkarton	*Buntstifte*

Basteln ist eine sinnvolle Beschäftigung zu jeder Jahreszeit. In den Herbsttagen ist das Basteln von kleinen Weihnachtsgeschenken und von vorweihnachtlichen und weihnachtlichen Dekorationen sehr zu empfehlen. Klebe zuerst einige leere Streichholzschachteln übereinander, und schneide nach der Anzahl der Häuser die Dachflächen aus dem roten Tonkarton zurecht. Eine Dachfläche entspricht der dreifachen Fläche einer Streichholzschachtel. Biege die Dachflächen giebelförmig und klebe sie oben auf die Streichholzhäuser fest. Die Streichholzschachteln beschriftest du an den weißen Schubseiten mit den Zahlen von 1 bis 24. Die gebastelten Streichholzhäuser überreichst du deiner Mami oder deinem Papi. Sie sollen die vierundzwanzig Streichholzschachteln mit Überraschungen füllen, zum Beispiel mit Erdnüssen, zuckerfreien eingewickelten Bonbons, zuckerfreien Kaugummis oder bunten Holzperlen oder kleinen Lego-Figuren. Auch können sie kleine Gutscheine für einen Theaterbesuch schreiben und in die Streichholzschachtel legen. Am ersten Dezember ist es dann soweit! Die Adventskalenderstadt wird am Morgen in deinem Zimmer stehen, und du darfst die erste Überraschung aus einem bunten Haus entnehmen. Bussi-Bär und Bello wünschen dir viel Freude beim Basteln und sehr viel Spaß mit allen vierundzwanzig Überraschungen.

1
2
3
4
7
8
9
10
11
13
14
15
16
17
18
19
20
21
22
23
24
12

Glockenkarten mit Bussi und Bello

hellen Tonkarton	*Alleskleber*
Buntstifte	*Wasserfarben*

Male und bastle ebenso wie Bussi-Bär bunte Weihnachtskarten mit deinen zwei Freunden.
Die hier gezeigten Motive oder andere Motive darfst du aus deiner monatlich erscheinenden Kinderzeitschrift BUSSI BÄR ausschneiden, oder du überträgst sie auf hellen Plakatkarton. Der Tonkarton für eine Weihnachtskarte muß der doppelten Größe einer Motivvorlage entsprechen. Klebe das Bild mit Bussi-Bär oder mit Bello auf den unteren Teil des Tonkartons auf und biege den Tonkarton oberhalb der Motivvorlage nach hinten.
Danach schneidest du, ebenso wie es dir Bussi-Bär zeigt, die Glockenform aus. Achte bitte darauf, daß die

Vorderseite und die Rückseite deiner Weihnachtskarten zusammenbleiben. In die Innenseiten malst oder schreibst du deine Weihnachtsgrüße. Auch deine Freunde Bussi-Bär und Bello würden sich über einen Weihnachtsgruß von dir sehr freuen.

Großer Korb für Weihnachtsplätzchen

Tonkarton	*buntes oder helles Tesaband*

Für ihr knuspriges Weihnachtsgebäck haben Bussi-Bär und Bello einen Korb gebastelt.
Schneide zuerst ein rechteckiges Stück Tonkarton entsprechend der Größe deines Korbes zurecht. Danach zeichnest du mit einem Bleistift ebenso wie Bussi-Bär links und rechts Linien im gleichmäßigen Abstand auf.

Alle aufgezeichneten Linien schneidest du ein. Hast du die Linien sorgfältig eingeschnitten, formst du die Korbschale. Wie es geht, das siehst du auf den letzten zwei Seiten dieser Bastelidee von Bussi-Bär.
Die Streifenenden klebst du mit Tesaband auf den Innenseiten zusammen. Danach schneidest du den Henkel aus Tonkarton aus und befestigst den Henkel mit Tesaband an der Korbschale. Besitzt du einen Tacker, darfst du die Streifenenden und den Henkel antackern. Bussi-Bär zeigt dir hier einen einfarbigen Korb. Selbstverständlich darfst du die Korbschale und den Henkel auch bemalen oder mit kleinen gerissenen Buntpapiermotiven verzieren. Gewiß hast du ein paar tolle Ideen.

Forme ebenso wie Bussi-Bär zuerst eine Seite der Korbschale, tacker die Streifenenden zusammen oder klebe sie mit hellem oder der Farbe des Tonkartons entsprechenden Tesaband zusammen.

Aus dickem weißen Papier kannst du auch viele kleine Körbchen basteln. Bemale diese Körbchen mit deinen Wasserfarben und hänge sie an deinen Weihnachtsbaum. Lege zuvor in jedes Körbchen eine Erdnuß oder ein Weihnachtsplätzchen.
Deine Freunde Bussi-Bär und Bello wünschen dir sehr viel Spaß mit allen ihren Bastelideen, und sie würden sich riesig freuen, wenn du zusammen mit deinen Freundinnen und Freunden einige der in diesem Buch vorgestellten Bastelvorschläge verwirklichen würdest. Selbstverständlich darfst du jede Anregung nach deinen Ideen abwandeln und gestalten.

Bussi-Bär klebt den Henkel fest. Du darfst den Henkel innen oder außen an der Korbschale festkleben.

Mit knusprigen Vollkornplätzchen ist der Korb gefüllt.

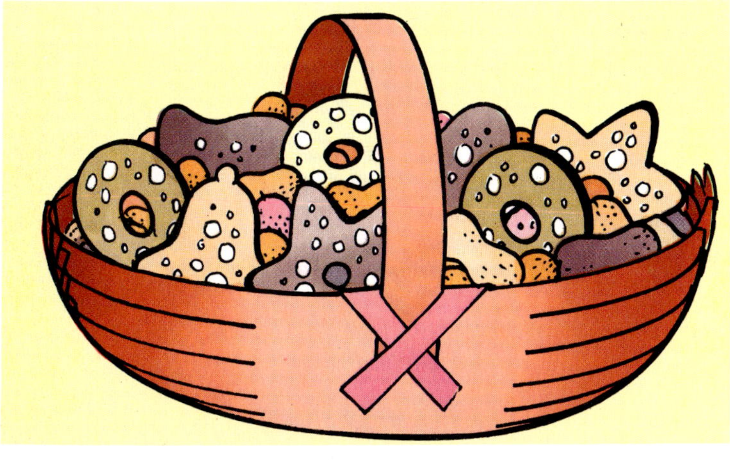